SMART TRAVELLING

EIN PERFEKTES WOCHENENDE IN ...
ZÜRICH

www.smart-travelling.net

LIEBLINGSADRESSEN IN ZÜRICH

Hotel: Florhof

Florhofgasse 4, Kreis 1

Tel: 0041 (0)44 2502626

Seite 8

Hotel: Greulich

Herman-Greulich-Str. 56, Kreis 4

Tel: 0041 (0)43 2434243

Seite 14

Hotel: Kafischnaps

Kornhausstrasse 57, Kreis 10

Tel: 0041 (0)44 2154040

Seite 20

Restaurant: Bederhof und Bederbar

Brandschenkestrasse 177, Zürich-Enge

Tel: 0041 (0)44 2851500

Seite 26

Restaurant: Alpenrose

Fabrikstr. 12/Ecke Limmatstr., Kreis 5

Tel: 0041 (0)44 2713919

Seite 36

Restaurant: Josef

Gasometerstrasse 24, Kreis 5

Tel: 0041 (0)44 2716595

Seite 46

☞ Weitere Adressen finden Sie unter www.smart-travelling.net

Restaurant: Obere Flühgasse

Flühgasse 69, Kreis 8

Tel: 0041 (0)44 3811110

Seite 56

Café: Café Caredda

Josefstrasse 119, Kreis 5

Tel: 0041 (0)44 4402341

Seite 66

Bar: Kaufleuten Lounge

Talacker 34, Kreis 1

Tel: 0041 (0)44 2253366

Seite 72

Shop: Schwarzenbach

Münstergasse 19, Kreis 1

Tel: 0041 (0)44 2611315

Seite 78

Gut zu wissen

Tipps, Ausflüge, Spaziergänge

Seite 89

BESSER LEBEN

Zürich liegt im Trend. Ja, die Stadt erfreut sich einer so großen Beliebtheit, dass mit der Lockerung der Aufenthaltserlaubnis unzählige Deutsche, besonders aus akademischen Berufen, ihr Säcklein schnüren, um in Zürich ihr Glück zu finden. Ein Phänomen, das unter nicht wenigen Schweizern einen deutlichen Unmut schürt, denn die Deutschen sind mit weniger Gehalt zufrieden und knabbern somit an dem hohen Schweizer Lohnniveau. Die „neuen Gastarbeiter“ wiederum schwärmen von der ausgewogenen Balance aus Arbeit und Freizeit. Alles was im eigenen Land im Argen liegt, scheint in Zürich noch zu funktionieren. Die höheren Lebenskosten werden nicht nur mit niedrigen Steuern kompensiert, sondern am Ende bleibt noch etwas übrig, das sie in die besonders schönen Geschäfte mit anspruchsvollen Konzepten tragen können.

Läden, Bars und Restaurants im Szeneviertel Kreis 4 + 5 gedeihen in Zürich einfach auf dem reichen Humus einer kreativen und wohlhabenden Kundschaft. Und was gibt es Schöneres, als eine Stadt zu besuchen, in der sich Nischenkonzepte, Galerien und neue Museen entwickeln und die Betreiber sogar davon leben können. Nach und nach entwickelt sich Zürich zu einer der vielseitigsten sowie angenehmsten Shopping-Metropölchen Europas, da alles schnell erreichbar ist, besonders mit dem Velo. Im Sommer, wenn die Seebäder öffnen und das sommerliche Chillen überall die Stadt durchdringt, lässt die Stadt endgültig ihre Schwestern und Brüder in Europa im Schatten stehen. Also auf nach Zürich und packt die Badesachen ein!

Aprikose
Apricot

ROMANTIKHOTEL
FLORHOF
ZÜRICH

FLORHOF

Wer einmal im Florhof übernachtet hat, kommt immer wieder, ja er kann eigentlich gar nicht anders. Verwöhnt werden ist aber auch so herrlich und das Team aus dem Florhof ist darin einfach leidenschaftlich und professionell. Wie ein Stammgast wird man begrüßt, die Atmosphäre wirkt entspannt und wer gestresst anreist, kann sofort in sein Zimmer gehen und lang-wierige Anmeldeformalitäten später erledigen. „Wir möchten, dass unsere Gäste erst einmal ankommen", erklärt Brigitte Schiesser, die Besitzerin. Auf den Zimmern wartet ein warmes behagliches Nest mit tuffigen Kissen, kuschelig angewärmten Handtüchern und all den liebenswerten Details, die ein Leben im Hotel so angenehm wohlig machen. Teppiche, Sofas und die Bettdeko erinnern ein wenig an die Schlafzimmer amerikanischer Luxusserien. Ein Gast an der Rezeption erwähnte mal: „Zuhause wohne ich gerne schlichter, doch nach einem anstrengenden Tag auf Reisen genieße ich die wohnliche Atmosphäre." Dass das Hotel Florhof von privater Hand geführt ist und auch keiner Kette angehört, spürt man in allen Ecken. Im Salon warten täglich zum Afternoon Tea kostenlos leckere Küchlein und ein Samovar mit Tee auf die heimkehrenden Gäste und auch sonst gibt man sich großzügig mit dem upgrade eines Zimmers, wenn kurzfristig noch etwas frei ist. Übrigens, wer mit diesem Buch reist, bekommt beim Florhof ein kleines Extra. Lassen Sie sich überraschen und fragen Sie einfach an der Rezeption.

Florhof Adresse: Florhofgasse 4, Kreis 1
Tel: 0041 (0)44 2502626 Email: info@florhof.ch Internet: www.florhof.ch
Preise: DZ ab 239 Euro inkl. Frühstück

☞ Das Restaurant Florhof

Mit 14 Gault-Millau-Punkten spielt das Restaurant des Hauses in der oberen Zürcher Gourmetliga.
Mittags und abends können die Florhof-Gäste in dem friesisch anmutenden Speisesaal eine frische und aromatische Marktküche genießen. Die Speisekarte wechselt rhythmisch im Jahreswechsel, nur Rösti mit Geschnetzeltem, der Klassiker des Hauses, muss immer auf der Karte stehen. Darauf legen die Stammgäste einfach größten Wert. Morgens wird der schöne Raum für das reichhaltige Frühstücksbuffet genutzt.

GREUlICH

GREULICH

Das Greulich war von Anfang an ein Erfolg in Zürich. Anders als bei den coolen Brüdern und Schwestern der Großfamilie Designhotel werden Sie als Gast so persönlich betreut wie in einem kleinen Familien-Hotel auf dem Land. Ein Lob an die wirbelige Direktorin Luzia Penn.
2003 wurde das Gebäude aus den 30er Jahren nach dem Wunsch des Besitzers Dr. Thomas Brunner komplett ausgehöhlt. Sogar die geschwungene Fassade im Hopper Stil baute man neu. Sie fügt sich heute in das Bild, als wäre sie schon immer da gewesen.
Die Zimmer liegen in einem separaten Flachbau, alle haben den Eingang zum Hof. Auf dem Weg zu den Zimmern wandelt man durch ein künstlich angelegtes Birkenwäldchen. Erinnerungen an ein modernes Zenkloster werden wach. Dieser Eindruck setzt sich auch in den Zimmern fort, denn überall herrscht minimalistische Zurückhaltung, die dennoch keinen Komfort missen lässt.
Natürlich lassen Luzia Penn und Dr. Brunner auch in Sachen Kultur nichts an ihrem „Baby“ vorbeiziehen. Eine spezielle Freundschaft zum Opernhaus verwandelt den Zengarten in den warmen Sommermonaten dann auch mal in einen Klanggarten.

Erwähnen Sie bei Ihrer Reservierung dieses Buch und Sie werden den bestmöglichen Tarif bekommen.

Greulich Adresse: Herman-Greulich-Strasse 56, Kreis 4
Tel: 0041 (0)43 2434243 Email: mail@greulich.ch
Internet: www.greulich.ch Preise: DZ ab 180 Euro, Frühstück ab 10 Euro

☞ Essen im Greulich

Gegen diese sinnliche Ruhe setzt das Restaurant im Haus einen temperamentvollen Kontrapunkt. Morgens noch ruhiger Frühstücksraum, trifft sich mittags wie abends ganz Zürich hier, um die katalanisch beeinflusste Küche von David Martinez Salvany zu genießen. Zu den Themen Meer, Fluss und Land kocht er seit der ersten Stunde im Greulich und hat sich mit 16 Gault-Millau-Punkten einen respektablen Namen in Zürich verschafft.

Allgemeine

KAFISCHNAPS

So ein schöner Empfang! Unverhofft steht man in einem wunderbaren Café und kann sich erst einmal bei einem Kaffee oder einem Bierchen langsam einfinden. Anschließend wird man zu Pflümli oder Quitte geführt, so heißen zwei von fünf Pensionszimmern im ersten Stock.
Das Café selbst ist eine ehemalige Metzgerei mit den original schwarz-weißen Fliesen an den Wänden und seinen herrlich großen Schaufenstern. Oliver und Michael Baumgartner, beide aus der Werbebranche, hatten Zugang zu den Räumen und bauten im Team mit Jenny Schrepfer und Isabel Grassi, zwei Dekorateurinnen, das Kafischnaps um. 2006 war es dann so weit und der Erfolg ließ nicht lange auf sich warten.
Dem Viertel fehlte einfach auch ein gutes Café und so sitzen vormittags Mütter, Bauarbeiter und die Bohème bei einem hervorragenden Bircher Müsli einträchtig zusammen. Am späten Abend trudelt dann die Szene ein und der Ort bekommt noch mal eine neue Stimmung.
Die Zimmer sind ohne Ausnahme sehr geschmackvoll eingerichtet. Die Räume Pflümli und Williams zur Straße gelegen sind etwas günstiger, doch so laut ist es gar nicht. Das einzige Manko sind die beiden Badezimmer, die ohne Zweifel schön gestaltet sind, dennoch muss man sie sich mit den Gästen aus den anderen vier Zimmern teilen.

Kafischnaps Adresse: Kornhausstrasse 57, Kreis 10
Tel: 0041 (0)44 2154040 Email: contact@kafischnaps.ch
Internet: www.kafischnaps.ch Preise: DZ ab 55 bis 75 Euro inkl. Frühstück

s'isch grusig
nim a
Schoggi-Melange
BITTE AN DER BAR BESTELLEN

STAMMTISCH

BEDERHOF

BEDERHOF

Könnte man doch nur jeden Tag in den Bederhof essen gehen! Jeden Mittag zum Beispiel: mal ein Robbespierre, ein hauchdünnes Rindfleisch auf dem Teller angestockt mit den feinzarten Allumettes oder ein saftiges Wiener Schnitzel, täglich einen Ziegenfrischkäse mit Bohnen, immerzu die Kalbsknochen mit dem gerösteten Landbrot und ohne Ende Pistaziensoufflé, herrlich! Aber das können mal wieder nur die Zürcher aus dem Enge-Viertel, um das wir Reisende sie endlos beneiden!

Dabei können das die Zürcher auch noch nicht so lange. Erst im Jahr 2005 hat Erik Haemmerli den alten Bederhof mit dem original Interieur aus den 30er Jahren übernommen und den hinteren Teil zu einer Bar umgebaut. Der Zugang zum Bederhof führt Sie erst einmal zur Bar. Man könnte mit einem Aperó anfangen, bevor man an einem der weiß eingedeckten Tische in dem rundum verglasten Speiseraum Platz nimmt, um schließlich ein Gehacktes mit Hörnli zu verspeisen.

Es versteht sich von selbst, dass Erik Haemmerli zu der edlen Gattung der rastlosen Trüffelschweine gehört, die immerzu auf der Suche nach den besten Produkten aus der Region sind. Eine Philosophie, die auch bei den Weinen nicht Halt macht. So stammen die meisten von ihnen von kleinen lokalen Weingütern aus der Schweiz.

Bederhof und Bederbar Adresse: Brandschenkestrasse 177, Zürich-Enge
Tel: 0041 (0)44 2851500 Internet: www.bederhof.ch
Öffnungszeiten: Montag – Freitag 11.30 – 14.00 Uhr und 18.30 – 24.00 Uhr, Samstag 18.30 – 24.00 Uhr, Sonntag 17.00 – 24.00 Uhr

Ein Gespräch mit Erik Haemmerli

Koch und Besitzer

Ist der Bederhof die Antwort auf Ihre Erfahrungen, die Sie als Chef in der Spitzengastronomie in München und der Schweiz gemacht haben?

Ja, back to the roots. In München habe ich wieder die Liebe zum geschmackvollen deftigen Essen neu entdeckt. Doch das können nur schwer arbeitende Bauern, die 2500 Kalorien am Tag verfeuern, essen. Deshalb habe ich in München richtig zugenommen. Ich wollte gerne mal ein Buch schreiben über die Entwicklung der ländlichen Küche in der Stadt.

Kann man die Gerichte auf Ihrer Karte als Bauernküche für Stadtmenschen beschreiben?

Ja. Die Schweiz war vor 100 Jahren noch ein Hungerland. Man hat nur das gegessen, was es in der unmittelbaren Umgebung gab. Heute ist es schwer frischen Fisch zu bekommen. Steinbutt schmeckt nur in Le Havre richtig nach Steinbutt. Im Inland ist er schon konserviert. Der Gedanke an das perfekte Produkt in der slow food-Philosophie beschäftigt mich immer stärker.

Kehrt die Schweiz der Globalisierung der Gastronomie öfter mal den Rücken?

Nachdem Bocuse die Küche internationalisiert hat und die französische Küche in die ganze Welt getragen hat, führt ein Weg sicher zurück zu den Wurzeln: die slow food-Bewegung. Katharina de Medici hatte sich 200 toskanische Köche nach Paris an den Hof mitgenommen. Nur Köche, keine Schneider.

Wie entwickeln sie Ihre Rezepte?

Ich experimentiere immer direkt mit dem Team zusammen. Meine Leute müssen das Rezept verstehen und genauso überzeugt sein wie ich, damit sie es anschließend zubereiten können. Am Ende dieser Experimentierphase servieren wir es unseren Freunden, sie sind die Jury.

☞ Die zehn Lieblingsprodukte des Erik Haemmerli

1. Zopf von Sprüngli
2. Bircher Müsli von Sprüngli
3. Cru Sauvage limited edition von Sprüngli
4. Tomme unpasteurisiert von Chäs & Co
5. Kalbsbratwürste von Hans & Wurst
6. Paris Spezial Cocktail von der Kronenhallen-Bar
7. Espresso im Odeon
8. Sushi im Ginger
9. Goldbürli von der Bäckerei Gold
10. Rösti von der Alpenrose

☞ Noch ein Projekt – Messie Mother

An seinem 40. Geburtstag erfährt Thomas Haemmerli, Bruder von Erik Haemmerli, vom Tod seiner Mutter. Als er die Wohnung der Verstorbenen betritt, ist der Schock groß. Sie hat eine komplett vermüllte Wohnung hinterlassen. Einen Monat lang räumen Thomas und sein Bruder Erik auf.

Thomas, Journalist, verarbeitet die Geschichte seiner Mutter und den Aufräumprozess mit seinem Bruder Erik in einem kontroversen Film mit dem Titel „Sieben Mulden und eine Leiche“. Der Film erschien im Jahr 2007 im Schweizer Kino und sorgte für viel Diskussionsstoff. Auszüge aus dem Film und Gedanken dazu findet man unter:

http://www.messiemother.com/film/

Beef Tartare

1 Portion

Achten Sie darauf, ganz frisches Rindfleisch zu verwenden und am gleichen Tag zu verarbeiten. Zunächst das Fleisch kalt abspülen und parieren, also von allen Sehnen und Muskelfasern befreien. Danach das Rindfleisch mit dem Messer ganz fein hacken und mit den oben beschriebenen Zutaten vermischen. Alternativ kann man auch die Zutaten in kleine Schälchen füllen, so dass sich jeder seine persönliche Mischung mit mehr oder weniger Kapern, Zwiebeln und, und, und zusammenstellen kann.

160 g Rindfleisch
5 kleine Schälchen mit:
1 Esslöffel sehr fein gehackte Zwiebeln
1 Teelöffel gehackte Kapern
1 Teelöffel gehackte Gewürzgurken
1 Klecks Sambal Olek
1 Eigelb
je 1 Prise Salz und Pfeffer
1 Spritzer Worcester-Sauce
1 Esslöffel Ketchup
gehackten Rosmarin

Ring oder Glas mit 12 cm Durchmesser

ALPENROSE

Edles aus der Schweiz

ALPENROSE

Gutes vom schwarzen Schwein, das sich nur mit Eicheln ernährt hat – das klingt doch herrlich – oder aber: Natura Entrecôte vom Rätischen Grauvieh mit gebratenem Sonnenseiten-Ei, Zwiebeln und viel Bio-Gemüse. Das ist jetzt kein Scherz, so steht es Wort für Wort auf der Karte der Alpenrose. Womit schon mal klar ist, dass es sich hier um ausgesprochen sympathische sowie humorvolle Betreiber handeln muss, die besonders viel Wert auf ausgewählte ökologische Produkte legen und diese auch noch köstlich komponieren.
Die beiden netten Betreiberinnen heißen Katharina Sinninger und Tine Giacobbo. Tine wirbelt in der Küche und hat definitiv den Schalk im Nacken sitzen. Katharina betreut in dem freundlichen alten Speisesaal liebevoll ihre Gäste. Ein perfektes Team, das seit der Gründung 1994 zusammenarbeitet und großen Respekt nicht nur in Zürich genießt.
Die Karte liest sich wie eine Reise zu den besten Schweizer Bauernhöfen, wo Fischer Ruf von der Halbinsel Au die Zürcher Fellchen aus dem Wasser fischt und Metzger Heinzer aus Muothal den Urwaldschinken zubereitet.
Verpassen Sie ja nicht die Pizokeli mit Muothaler Speck und zartem Wirsing, sie sind unvergesslich gut. Zum Glück haben wir den Wirtinnen das Rezept entlockt (Seite 44), also müssen Sie nicht bis zum nächsten Zürichbesuch darben. Doch sollten Sie es einmal von Tine selbst probiert haben.

Alpenrose Adresse: Fabrikstrasse 12/Ecke Limmatstrasse, Kreis 5
Tel: 0041 (0)44 2713919, Reservierung: 01 271 3919
Internet: www.restaurant-alpenrose.ch Öffnungszeiten: Montag geschlossen, Dienstag und Samstag 18.00 – 24.00 Uhr, Mittwoch – Freitag 12.00 – 24.00 Uhr, Sonntag 18.00 – 23.00 Uhr

BIERE
VOLLMOND 5.50
WEIZEN 7.50
MAISBIER 5.50
Sprint Turbinenbräu 5.-
SCHWARZBIER 5.50
Bun Tschlin 7.50
Alkoholfrei:
CLAUSTHALER 5.50

…n, was durstig ist.

HÜPFTANZ
VERBOTEN
(POLKA ETC.)

Ein Gespräch mit Katharina Sinninger und Tine Giacobbo

Besitzerinnen der Alpenrose

Wie steht es um die Schweizer Küche?

Die Schweizer Küche hatte früher etwas Biederes. Das hat sich heute stark verändert. Wir transferieren die alten Rezepte in die Moderne, indem wir weniger Fett verwenden – und das kommt zum Glück gut an.

Welche Gerichte gibt es immer auf Ihrer Karte?

Kalbs- und Schweinebraten gehören zum festen Repertoire. Kartoffelstock nur, solange es auch alte Kartoffeln gibt. Mit jungen Kartoffeln klappt das nicht. Und natürlich unser Schokoladenkuchen. Vorsicht! Er ist eine wahre Kalorienbombe, aber herrlich saftig.

Ihr persönlicher Lieblingswein?

Als Rotwein empfehlen wir einen Pinot Noir 2005 Hesselring (64,– SFr), als Weißen würden wir den Féchy Le Baz 2006 Wadtland Genfer See (49,– SFr) vorschlagen.

Woher beziehen Sie Ihre Produkte?

Wir arbeiten mit ganz kleinen Betrieben. Einer zum Beispiel bringt dreimal im Jahr ein Wollschwein, ein anderer ab und zu ein Zieglein. Pico ist unser Gemüselieferant. Er holt sein Gemüse von den umliegenden Biobauern.

Was ist ein Bun Tschlin oder ein Vollmond Bier?

Tschlin ist ein Ort im Engadin. Räteromanisch nennt man etwas Gutes „bun“. Und da das Bier in Tschlin gebraut wird, heißt es: Bun Tschlin.
Das andere ist ein Bier aus der Brauerei Locher, die dieses Bier nur bei Vollmond braut, wie man es früher gemacht hat. Wir haben auch noch ein Maisbier, es schmeckt sehr frisch und leicht.

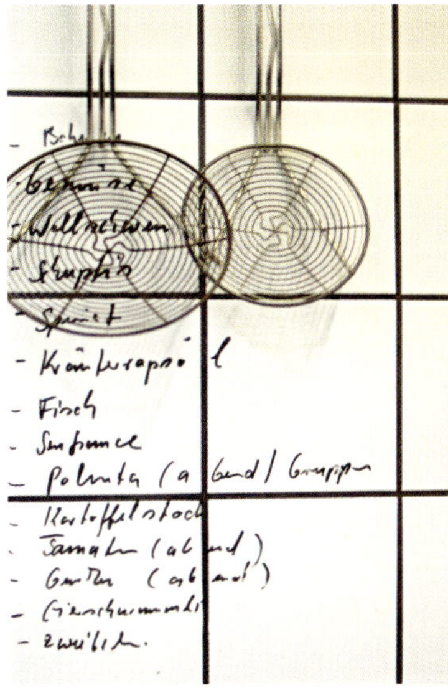
- Fisch
- Kartoffelstock

Pizokeli mit Wirsing und Speck

2 Personen

Eier, Milch, gehackte Peterli und Salz in der Küchenmaschine verrühren, das Mehl im Sturz dazugeben und den Teig eine halbe Stunde im Kühlschrank ziehen lassen. Jetzt den Teig auf ein mittelgroßes Brett klecksen und die Pizokeli in kochendes gesalzenes Wasser vom Brett schaben. Pizokeli sind ca. 1,5 cm dick und 6 cm lang, demnach um ein Vielfaches dicker als Spätzle. So lange ziehen lassen, bis sie nach oben treiben. Jetzt mit einer Siebkelle aus dem Wasser heben.

Nun den Wirsing putzen und etwas zerkleinern. Den Speck in der Pfanne anbraten, die Pizokeli und danach den Wirsing hinzugeben. Zu guter Letzt mit Salz und Pfeffer abschmecken.

500 g Mehl
4 Eier
300 ml Milch
halbe Hand Peterli (Petersilie) gehackt
1 Teelöffel Salz
junger Wirsing – am besten nur den Kern verwenden
150-200 g hochwertiger Speck, je nach Geschmack
Salz und Pfeffer

Wahlweise lässt sich das Rezept auch mit Spinat anstatt Wirsing zubereiten.

JOSEF

Das Josef ist die gelebte Abschaffung der rigiden Menüfolge. Also warum nicht einfach mal mit den geschmorten Kalbsbäggli mit Kartoffelstock den Abend beginnen, später die aufkommende Lust auf ein Gazpacho Andaluz mit Crevetten und Sepia stillen und den Abend mit Zucchiniblüten gefüllt mit Fisch abschließen. Alle Gerichte sind gleichberechtigt, die Portionen ähnlich groß und abgerechnet wird sowieso nach Tellern. Zwei sind das Minimum, je mehr es im Laufe des Abends werden, umso günstiger errechnet sich die einzelne Speise. Und während man sich an all den Lieblingsgerichten der Weltküche erfreut, schauen einem die heiß verehrten Ikonen aus der Pop- und Rockszene der letzten Jahrzehnte von einer gigantischen Collagenwand von Rockmaster K. und Barbara Herzog zu. Musik ist neben der Bar das dritte Standbein. Damit sind die Brüche im Josef perfekt: szenig emotional, ohne auch nur einmal den Rahmen für anspruchsvolle Gastronomie zu verlieren. Mit dem Umbau 2004 sind die nie enden wollenden Ideen von Stefan Tamò & friends zurück zur Urmutter Josef, dem ersten Projekt, geflossen. Nach den letzten Erfolgskonzepten Lily's, Primitivo am Letten und dem einmalig genialen Restaurant Italia wollte das Team dem immer gediegener werdenden Josef mit einer neuen Philosophie zu alten Erfolgen verhelfen.

Der Netzwerker Stefan Tamò kehrte also zurück an die Front und kümmert sich nun selbst mit um seine Kunden. Und sofort macht das Josef wieder von sich reden.

Josef Adresse: Gasometerstrasse 24, Kreis 5
Tel: 0041 (0)44 2716595 Öffnungszeiten: Montag – Freitag 11.30 – 14.00 Uhr und 17.00 – 0.30 Uhr, Samstag 17.00 – 24.00 Uhr, Sonntag geschlossen

Ein Gespräch mit Stefan Tamò

Einer der fünf Betreiber

Die sympathischsten Gastronomiekonzepte der Stadt kommen von Euch. Wie macht Ihr das?

Wir nehmen uns viel Zeit für neue Strategien. Dazu gehört auch, sich die Zukunft der Gastronomie in zehn Jahren auszumalen.

Findet Ihr dazu noch Zeit?

Die müssen wir uns einfach nehmen. Dem Josef haben wir wieder ein neues Konzept gegeben. Der Karren läuft jetzt. Genau der passende Zeitpunkt, um sich ein Jahr zurückzuziehen und wieder neue Konzepte zu entwickeln. Es ist wichtig in der ersten Zeit mit an der Front zu stehen und direkt im Kontakt zu den Gästen zu sein.

Ihr seid fünf Partner. Liegt darin auch ein Schlüssel des Erfolges?

Ich war immer ein Fan von Teamarbeit, schon allein, weil man damit besser seine eigenen Schwächen abdecken kann.

TAGESSUPPE 6.00
HACKFLEISCHBÄLLCHEN 9.00
KÄSETELLER 15.00
STOLICHNAYA
MOSKOVSKAYA
VODKA
SVEDKA
RUSSIAN VODKA

JOSEF
DEMO

☞ Ristorante Italia

Complimenti! Auf der Website des Italia steht: Wir sind stolz darauf, den Ruf zu haben, authentischer zu sein als die meisten Italiener in Zürich.
Genau so ist es auch. Es stimmt einfach alles, das Publikum, der herrliche Biergarten, das Interieur, die Stimmung und ganz wichtig, das Essen und die Karte: Keine Tagliatelle mit Filetspitzen, Orangenfilets und Zucchini oder mediterrane Küche unter Anwendung von Nudeln und Tomaten. Nein, endlich wird mal das gut gekocht, was auch in Italien auf einer Karte steht. Vielleicht sollten die unzähligen italienischen Restaurantbesitzer bei Euch in die Schulung gehen! Neu dazugekommen ist ein Weinverkostungskonzept, bei dem der Gast mit einem Preis für das Glas von 24 verschiedenen Weinen probieren kann.

Ristorante Italia
Zeughausstrasse 61 – Kreis 4, Tel: 0041 (0)43 2338844, www.ristorante-italia.ch
Öffnungszeiten: Montag – Freitag 11.30 – 14.00 Uhr + 18.30 – 24.00 Uhr,
Samstag + Sonntag 18.30 – 24.00 Uhr

Zur Oberen Flühgasse

OBERE FLÜHGASSE

Gehen Sie gleich davon aus, dass sogar der Taxifahrer in der steilen Wohnstraße mehrmals an der Terrasse der Oberen Flühgasse vorbeifährt, so eingewachsen ist sie unter den Weinreben. Doch das Suchen lohnt sich, denn wann haben Sie schon mal mit einem Kirschkernkissen auf dem Schoß dampfend heiße Rinderbouillon mit Fadennüdli und in Butter geröstetem Brot gelöffelt? Vielleicht bei der Oma, aber doch nicht im Restaurant! Die Rinderbrühe schmeckt herrlich kräftig. Anschließend kommt Rosemarie Kessler mit dem Siedfleisch, die Schweizer Antwort auf den österreichischen Tafelspitz – ein kleines Festessen mit allerlei Gemüsevariationen. In der Oberen Flühgasse ist der alte grüne Kamin wirklich die einzige Wärmequelle, doch dank der im Ofenfach vorgewärmten Kirschkissen und der puppenstubenhaft kleinen Räume muss niemand im Winter frieren. Am Vormittag trudeln die Handwerker schon auf der Suche nach etwas Handfestem ein und freuen sich über ein Restaurationsbrot, ein Hausbrot vom Vortag mit einer üppigen Portion Fleisch. Mittags und abends, wenn jeder Platz restlos besetzt ist, laufen die „Serviertöchter" Jacqueline, Elisabeth und Anna zu Höchstform auf und servieren flink mal ein Kirschkernkissen, mal ein Rösti mit Geschnetzeltem. Das gibt es leider immer nur abends. Im Sommer kann man gerade mittags auf der Terrasse eine herrliche Reise in die Schweiz der 60er Jahren unternehmen. Heile Welt, nein heile gute Schweiz! Wenigstens in der Oberen Flühgasse.

Obere Flühgasse Adresse: Flühgasse 69, Kreis 8 Tel: 0041 (0)44 3811110
Öffnungszeiten: Dienstag u. Mittwoch geschlossen, Montag, Donnerstag u. Freitag 8.00 – 24.00 Uhr, Samstag u. Sonntag 10.00 – 24.00 Uhr

Ein Gespräch mit Piedro & Rosmarie Ladu

Besitzer der Oberen Flühgasse

Wie lange gibt es schon die Obere Flühgasse?

Das Haus ist jetzt 450 Jahre alt. Seit 1949 hat das Beizli meine Mutter betrieben, während mein Vater sich um das Vieh kümmerte und die Pfannen mit Fleisch versorgte. Das Lebensmodell war für damalige Verhältnisse schon sehr emanzipiert.

Wo haben Sie das Kochen gelernt?

In der Ausbildung, was als Frau nicht so leicht ist, denn es ist wirklich harte Knochenarbeit. Die schweren Töpfe zu lupfen, ohne Leidenschaft kann man das nicht schaffen.

Welche spezielle Fähigkeit muss man mitbringen?

Freude muss dabei sein und Sinnlichkeit. Essen hat etwas Sinnliches und manchen Menschen fehlt das. Die Konzentration im richtigen Moment ist auch wichtig beim Kochen.

Wer sind Ihre Gäste?

Herr Schröder, Ihr Exkanzler, Stammgäste aus der ganzen Welt sowie der Milchmann und der Jogger, der sich über ein günstiges Faustbrot freut. Die Leute schätzen das Unkomplizierte und finden sich alle bei uns ein.

Ein besonderes Kompliment?

Herr Witzigmann sagte mir mal: Gratuliere zum Knusperhäuschen mit feiner Küche.

Zürcher Kalbsgeschnetzeltes

2 Personen

Das klein geschnittene Fleisch und die Zwiebeln in der Pfanne scharf anbraten. Danach das Fleisch aus der Pfanne nehmen und warm stellen. Den Fond mit Weißwein ablöschen, Rahm zugeben, die Flüssigkeit reduzieren und salzen. Zum Schluss die Rahmsauce über das angebratene Fleisch geben und nicht mehr aufkochen lassen.

Mit Rösti oder Spätzle servieren.

640 g fein geschnittenes Filet oder Eckstück vom Kalb
40 g Zwiebeln
400 ml Sahne
ein Schuss Weißwein
frische Kräuter, die ein Geheimnis bleiben sollen, doch Petersilie und Estragon machen sich auf jeden Fall gut!
Pfeffer, Salz

Caredda
Gelateria

Caredda

CAFÉ CAREDDA

Wer das erste Mal im Café Caredda in ein *amaretti* von Paolo beißt, hat in Zukunft ein paar Sorgen mehr am Hals. Nachdem sich bei einem Zürichbesuch mehrmals die Gelegenheit bietet, diese köstliche Geschmacksexplosion noch ein paar Mal zu durchleben, stellt sich bei der Abreise die Frage nach Nachschub im Wechsel zu den Schuldgefühlen, wie man das daheim der Waage erklären soll. Das *amaretti* hat übrigens nichts mit den harten Teilchen neben der Cappuccinotasse gemein, sondern ist ein weiches Mandelgebäck gefüllt mit einer Grappacreme, zur Vollendung noch in dunkle Schokolade getaucht. Paolo Caredda, geboren in Ischia, hat seinen Beruf in Neapel gelernt und ist Konditor aus purer Leidenschaft. Seine *Pasticceria* mit Café ist seit zehn Jahren die Pilgerstätte für süditalienische *dolci* und Paolo selbst einer der angesehensten Konditoren in Zürich. Sein Zitroneneis wird ausschließlich aus Zitronensaft seiner Heimat gemacht, den er tiefgefroren einlagert. Den Ricotta für seine *sfogliatelle* – gefüllte Muschelhörnchen – lässt er von den besten Produzenten aus Campanien kostspielig anliefern. Ein Wahnsinn, der sich kaum rechnet, doch Paolo ist die Qualität wichtiger als das große Geld. Das Produkt steht an erster Stelle, so dürfen Sie auch kein schickes Café erwarten. Das Caredda lässt sich am schönsten morgens zum Cappuccino mit einem köstlichen *cornetto crema* sowie am Nachmittag auf ein *amaretti* mit Caffè genießen.

Café Caredda Adresse: Josefstrasse 119, Kreis 5
Tel: 0041 (0)44 4402341 Internet: www.konditorei-caredda.ch
Öffnungszeiten: Montag – Freitag 7.00 – 19.00 Uhr,
Samstag 7.00 – 17.00 Uhr, Sonntag 8.30 – 16.00 Uhr

Amaretti-
Stck. 2,30

Caredda
CAFFETERIA PASTICCERIA

KAUFLEUTEN LOUNGE

Am Kaufleuten Restaurant vorbei, in den Hof links einbiegen, auf die Tankzapfsäule zugehen, rechts die paar Treppen hoch und – Überraschung! – eine großzügige Lounge auf zwei Ebenen tut sich auf. Cooler Eingang, unerwarteter Stilbruch. Zur Auswahl steht die intime schummerige, marrokanisch anmutende Ebene, heller und cooler loungt es sich allerdings im Lichthof. Auf jeden Fall gibt es für nahezu jedes Alter und jede Stimmung am Abend die passende Lösung. Sie können zum Beispiel stundenlang in einem der Sofas mit einem Drink oder einem Herrgöttli, einem kleinen Bier, verbringen und das Treiben der Gäste beobachten. Dass im Kaufleuten absolute Profis ihre Hand im Spiel haben, spürt man – von der Musik bis zu den kleinen warmen und kalten Snacks. Seit 1992 hat die Zürcher Schickeria das Kaufleuten fest in ihr Herz geschlossen, 1999 kam dann die Lounge dazu. In den Räumen befand sich vorher, wie auch im Kreis 1, das große Nichts. Die Nachtszene war im Kreis 4 und keiner konnte sich vorstellen in dem Geschäftsviertel zwischen den Banken auszugehen. „Dennoch war das Kaufleuten die erste Lounge in Zürich", sagt Patrik. Er wirkt komplett entspannt, kennt aber die Szene wie kaum ein anderer. Er fing zunächst in der Bar an, war dann Geschäftsführer der Lounge und ist jetzt der Geschäftsführer der Gastronomie. Gründer Freddy Müller hat sich nach seinem letzten Coup, dem Ausbau des alten Festsaals, aus dem Geschäft zurückgezogen.

Kaufleuten Lounge Adresse: Talacker 34, Kreis 1 Tel: 0041 (0)44 2253366
Internet: www.kaufleuten.com Öffnungszeiten: Montag – Freitag
17.30 – 2.00 Uhr, Samstag 20.00 – 2.00 Uhr, Sonntag geschlossen

☞ Andere Räumlichkeiten

Kaufleuten Restaurant

Es ist einer der schönsten Räume in Zürich – das ist unbestritten. Zu jeder Tageszeit können Sie hier all die heiß geliebten Klassiker wie Wiener Schnitzel, Beef Tartare, aber auch Sushi genießen. Eine internationale Marktküche, wo Stammgäste ihre Lieblingsgerichte immer wieder finden. Das Publikum ist bunt gemischt, doch abends wirkt ein Teil der Frauen wie eine Zurschaustellung der neuesten Kreationen aus der Zürcher Schönheitschirugie. Doch auch die müssen ja schließlich auch mal essen gehen und so gibt es immer etwas zu tuscheln.

Tel: 0041 (0)44 225 3333

Kaufleuten Festsaal

Der ehemalige Theatersaal wurde erst kürzlich für Konzerte und Partys umgebaut. Wegen der strengen Gästeliste sind die Partys für Reisende eher uninteressant, zu den Konzerten kann man sich aber am Eingang eine Karte kaufen.

Pelikan Bar

Die offene Bar an der Ecke ist im Sommer besonders schön, weil man mit seinem Bier wie in einem Pub draußen stehen kann. Sie wird gerne von Bankern nach der Arbeit genutzt.

Pelikan Club

Treffpunkt der jungen Zürcher Schickeria. Türsteher kontrollieren den Eingang und lassen durch, was zum Sortiment des Abends passt.

☞ Helsinki Club

Wesentlich zurückgenommener von Interieur und Publikum ist der Helsinki Club in Kreis 5, der unterhalb der Hardbrücke an einer Straßenkreuzung an den Bahngleisen liegt. Ein kreativer Ausgeh-Ort ohne Schnörkel, an dem sich die Zürcher Szene bei einem Bier oder Wein in angeregter Stimmung trifft. Und wenn Sie Glück haben, wird gerade ein besonderes Filmscreening gezeigt oder Sie können ein kleines feines Konzert miterleben.

Adresse: Geroldstrasse 35, Zürich – Kreis 5
Internet: www.helsinkiclub.ch
Öffnungszeiten: nach Programm, Barbetrieb täglich ab 20.00 Uhr

Pichon-Longueville
Portugal Douro
Fabelhaft Niepoort 2005
1 Flasche Fr. 16.20

Schwarzenbach

So wunderschön, so herrlich altmodisch! Ein Traum an feinen Kolonialwaren vom Kaffee über Honig bis zur Dörrpflaume. Alle Gourmettrüffelschweinchen lieben Schwarzenbach, Zugereiste wie Einheimische. Wieder einmal in Zürich huscht beim Anmarsch auch schnell mal die Sorge durch den Kopf: Was wäre, wenn Schwarzenbach nicht mehr da wäre! Es käme dem Austrocknen der Limmat gleich, einfach undenkbar! Zum Glück wissen wir jetzt, dass mit Heinrich V. – seit fünf Generationen heißen nämlich alle Schwarzenbach-Söhne Heinrich – schon mal die Nachfolge in trockenen Tücher ist und es diesen Kleinod Zürcher Geschichte noch viele Jahren geben wird. Heinrichs Mutter kümmert sich geduldig um die fachliche Beratung, denn dafür kommen die Kunden heute zu Schwarzenbach. Welche der 150 Teesorten nur nehmen, welcher Kaffee passt zu mir und was ist eine getrocknete Jackfruit? Nebenan gibt es seit 1998 auch ein Schwarzenbach Teecafé, welches sich hervorragend eignet, um einige Leckereien an Ort und Stelle zu probieren. Das Bircher Müsli zum Beispiel ist knapp vor Sprüngli das beste der Stadt. Doch auch Ungewöhnliches wie Trollsirup-Limonade aus Tannen gewonnen, sechs Sorten Schokopastillen zu 20 g sowie die wichtigsten Tee- und Kaffeesorten kann man hier degustieren. Vorsicht beim Mohncake, der kann laut Heinrich abhängig machen. Und so günstig sind die Flüge nach Zürich nun auch wieder nicht.

Schwarzenbach Adresse: Münstergasse 19, Kreis 1
Tel: 0041 (0)44 2611315 Email: info@schwarzenbach.ch
Internet: www.schwarzenbach.ch Öffnungszeiten: Dienstag – Freitag
8.00 – 18.30 Uhr, Samstag 9.00 – 17.00 Uhr, Sonntag + Montag geschlossen

auserlesene Weine
reichhaltiges Sortiment
feine Teigware

grosse Auswahl
von allerbester
Formen
Portugal Douro
Fabelhaft Niepoort 2005

PROBAT
PROBAT

Ein Gespräch mit Heinrich Schwarzenbach

Besitzer

Was ist seit 1912 die Philosophie der Schwarzenbachs?

Wir haben immer geschaut, wo man sich mit Qualität abheben kann. Gute Preise mussten sein, aber die Qualität hatte immer Vorrang.

Gab es jemals Veränderungen im Sortiment?

Die Produkte haben sich bis auf das Kerngeschäft immer verändert. Früher gab es beispielsweise nur bei uns spezielle Mehlsorten und seltene Hülsenfrüchte. Heute teilen wir uns diese Kompetenz mit den Bioläden. Auch Olivenöl war eine Rarität, die nur wir im Angebot hatten. Es schmeckte leider immer etwas ranzig. Jetzt benutzt es jeder und man kann es überall kaufen.

Welche Produkte sind heute das Kerngeschäft?

Bei uns gehen besonders Produkte, die viel Information benötigen. 150 Teesorten brauchen eine Erklärung.

Rösten Sie den Kaffee immer selber?

Ich oder vertretungsweise meine Schwester. Man braucht das richtige Auge dafür, wann der Kaffee fertig ist. Jeder Kaffee wird ein wenig anders geröstet, aber im Durchschnitt 15 Minuten.

Ist Heinrich VI. schon geboren?

Nein, ich habe die Tradition erstmals durchbrochen. Wir haben zwei Töchter und das ist auch gut so.

KLAUS
CACAO-SOLUBLE
MILKA
BISCUITS PETER
OBERRIEDEN
China Schwarztee Yunnan bio. 100 gr 6.- 250 gr 14.50
China Schwarztee Ning Hong Yin Hao 100 g 18.- 250 g 44.50
China Schwarztee Jin Qu Hong Mei 100 gr 20.40 250 gr 50.50
China Keemun Mao Feng bio. 100 gr 11.40 250 gr 28.-
China Weisser Tee White Flowery Pekoe 50 gr 16.40 100 gr 32.-
China Weisser Tee Pai Mu Tan 100 gr 9.- 250 gr 22.-
China Grüntee bio. Wang Fu Yu Long 100 g 17.60 250 g 43.50
Formosa Grüntee Pi Lo Chun 100 g 10.60 250 g 26.-
Darjeeling 2nd Fl. Hochland 100 gr 5.80 250 gr 14.-
Darjeeling 2nd Flush Goomtee 100 g 16.40 250 g 40.50
Darjeeling 2nd Flush Lingia biol. 100 g 14.20 250 g 35.-
Nilgiri 1st Fl. Korbetta spec. 100 gr 10.40 250 gr 25.50
Breakfast Mischung 100 gr 4.- 250 gr 9.50
Kenya TGFOP Malaika 100 g 5.40 250 g 13.-
Assam TGFOP Thowra 100 gr 5.20 250 gr 12.50
China Grüntee Lung Ching Grade 3 100 gr 8.40 250 gr 20.50
Sikkim Temi 100 g 10.80 250 g 26.50
Darjeeling 1st Flush Steinthal bio. 100 g 21.40 250 g 53.-
Darjeeling 2nd Flush Margaret's Hope 100 g 12.80 250 g 31.50
Darjeeling Autumnal Castleton 100 g 7.60 250 g 18.50
Nepal 2nd Flush Mist Valley 100 g 7.20 250 g 17.50
Assam SFTGFOP1 Satrupa 100 g 6.60 250 g 16.-
Assam Tippy Halmari 100 gr 11.80 250 gr 29.-
Assam Broken Halmari Top 100 g 13.60 250 g 33.50
Jackfruit natural 100 g 3.40 250 g 8.-
philip. Bananenchips bio 100 g 1.80 250 g 4.20
Kiwischeiben nat 100 g 5.- 250 g 12.-
thai Kokos 100 g 2.40 250 g 5.50
Pflaumen o/Stein 100 g 2.40 250 g 5.50
südafrik. Aprikosen g 3.50 g 8.20
calif. Aprikosen 100 g 7.- 250 g 17.-
calif. Birnen 100 gr 3.50 250 gr 8.20
calif. Nektarinen 100 g 3.80 250 g 9.-
calif. Angelino Pflaumen 100 g 3.80 250 g 9.-

☞ Geschichte

Der erste Heinrich Schwarzenbach stammte aus St. Gallen und hat in Zürich einen Spezerie Laden eröffnet, einen Kellerladen, der die Produkte auf dem nächsten Markt verkaufte. Er bot Eier, Mehle und Kolonialwaren wie Tee, Kaffee und Gewürze an. 1912 hat er das Haus in der Münstergasse gekauft. Das Interieur heute ist noch aus dieser Zeit unverändert geblieben.
In den 70er Jahren fing bei Heinrichs Vater das Lädlisterben an. Alle Lebensmittelgeschäfte hatten Probleme wegen der neuen Liebe zur Tiefkühl- und Konservenkost. Durch die Spezialisierung auf Kaffee, Tee und Trockenfrüchte hat Schwarzenbach diese Durststrecke Gott sei Dank überstanden.

☞ Bircher Müsli

Flockenmischung Schwarzenbach, cremiger Naturvollmilchjogurt, Milchgeriebener Apfel, gehackte gemischte Nüsse, getrocknete Datteln und Aprikosen.

Die Flockenmischung am Vorabend in einer Milch-Jogurtmischung einweichen. Am nächsten Morgen mit cremig gerührtem Naturjogurt etwas auffrischen. Den geriebenen Apfel, die gehackten Nüsse, die klein geschnittenen getrockneten Datteln und Aprikosen untermischen und bei Bedarf mit Akazienhonig süßen. Doch für die Süße sorgen eigentlich schon die Datteln ausreichend.

COLONIALWAREN
GEGR. 1864
teecafé

STADT LUZERN

SMART TRAVELLING

GUT ZU WISSEN

Zürich ist groß, darum ist dieser Infoteil so klein. Hier erfahren Sie nicht alles und jedes, sondern genau das, was Sie für ein perfektes Wochenende brauchen. Wenige, aber genau die richtigen Informationen: Wissenswertes über die Zürcher Lebensart, eine kleine subjektive Auswahl an Sehenswürdigkeiten, Spaziergängen und Tipps für Unternehmungen am Sonntag. Dazu einen Stadtplan mit all unseren Lieblingsadressen, damit Sie nicht lange suchen müssen, sondern gleich anfangen können Zürich zu genießen.

KLEINE ÜBERSETZUNGHILFE

äxgüsi........................Entschuldigung!
bügle..................................arbeiten
Büsi, Büüssi.......................................Katze
eis ga/go zieh....... einen trinken gehen
es fägt...............................es macht Spaß
grüezi..............................(ich) grüß(e) Sie
Gonfi..................Konfitüre, Marmelade
Goof (m, n)..Balg
Grind...................................Kopf (salopp)
gumpe.........................springen, hüpfen
Gutsch...Schluck
hoi (daneben auch sali, salü)........Gruß
poschte, kömerle...................einkaufen
chrömle...........Süßigkeiten einkaufen

Puff................Unordnung (u.a. Bordell)
merssi...................................Dankeschön
Sack.............................Tüte, Hosentasche
schmöcke..............riechen, schmecken
Siech......Typ (grob, meist in Verbindung mit „geile“ (um Respekt, „blööde“ um Verachtung auszudrücken)
tschuute, schutte............treten, kicken, Fussball spielen

VERSTECKTE SEHENSWÜRDIGKEITEN

Das Frauenmünster

Das Frauenmünster ist weithin bekannt. Im ehemaligen Frauenkloster finden Sie karolingische Spuren auf Schritt und Tritt. Doch wussten Sie, dass die spätgotische Kirche mit Chorfenstern von Marc Chagall ausstaffiert wurde und dass Alberto Giacometti die Fenster im Querschiff gestaltet hat?

Am Münsterhofplatz
Zürich – Kreis 1
Tel: 0041 (0)44 211 4100
Öffnungszeiten: April – Oktober
Mo – Sa 10.00 – 18.00 Uhr,
So 11.15 – 18.00 Uhr (Ausnahme Festgottesdienste), November – März Mo – Sa 10.00 – 16.00 Uhr,
So 11.15 – 16.00 Uhr (Ausnahme Festgottesdienste)

GUTE AUSSICHT

Grossmünster

Auf das Grossmünster kann man hinaufklettern und eine herrliche Sicht über Zürich samt See genießen. Die Mühe lohnt sich immer, es sind auch nur 184 Stufen bis zum Ziel.

Zwingliplatz
Zürich – Kreis 1
Öffnungszeiten:
Täglich von 10.00 – 16.00 Uhr

Die Zürcher Museumslandschaft ist exquisit wie überschaubar – genau wie die Schweiz selbst. Das ganze Jahr wechseln sich interessante Ausstellungen ab, und da auch genug Geld vorhanden ist, wird in Zürich nicht unter Zeitdruck husch husch oder improvisiert mit kleinstem Budget gearbeitet, sondern mit Ruhe und ausreichendem Etat. Das erkennt man sofort.

Kunsthalle

Die Kunsthalle ist für Interessierte der Gegenwartskunst vielleicht das wichtigste Ausstellungshaus. Mit feiner Nase tragen die Kuratoren besonders interessante Künstler zusammen, um dem Besucher ganz neue Betrachtungsweisen und Einblicke zu ermöglichen. Die Kunsthalle ist wie das Migros Museum im Löwenbräu-Areal untergebracht.

Limmatstrasse 270
Zürich – Kreis 5
Tel: 0041 (0)44 2721515
www.kunsthallezurich.ch
Öffnungszeiten: Di, Mi,
Fr 12.00 – 18.00 Uhr,
Do 12.00 – 20.00 Uhr,
Sa + So 11.00 – 17.00 Uhr

Migros Museum

Das Migros Museum beschäftigt sich mit der Kunst der Gegenwart. Die Ausstellungen sind wie auch weitere private Sammlungen in der ehemaligen Löwenbräu-Bierbrauerei untergebracht. Die größte Sammlung gehört dem Migros-Genossenschafts-Bund. Die Sammlung umfasst Werke von Bruce Naumann, Gilbert & George und A.R. Penck.

Limmatstrasse 270
Zürich – Kreis 5
Tel: 0041 (0)44 2772050
www.migrosmuseum.ch
Öffnungszeiten: Di, Mi, Fr
12.00 – 18.00 Uhr, Do 12.00 – 20.00 Uhr,
Sa + So 11.00 – 17.00 Uhr

Kunsthaus

Das Kunsthaus macht mit aktuellen internationalen Ausstellungen regelmäßig von sich reden. Dazu gesellt sich noch eine Sammlung mit Werken von Picasso, Chagall, Beckmann, aber auch Werke aus der Moderne von Rauschenberg, Beuys, Baselitz und Merz sowie eine umfangreiche Sammlung von Alberto Giacometti und Ferdinand Hodler sind zu bewundern.

Heimplatz 1
Zürich – Kreis 1
Tel: 0041 (0)44 2538484
www.kunsthaus.ch
Öffnungszeiten: Mo geschlossen, Di 10.00 – 18.00 Uhr, Mi – Fr 10.00 – 20.00 Uhr, Sa + So 10.00 – 18.00 Uhr

Museum Rietberg – Kunst aus fernen Ländern

Die historischen Villen des Rietberg Museums verteilen sich im eleganten Rieterpark, der allein schon einen Besuch wert ist. In den Häusern ist Kunst aus Asien, Amerika, Ozeanien und Afrika zu bewundern, wobei die Afrikanische Sammlung besonders wertvolle Exponate umfasst.

Gablerstrasse 15
Zürich – Kreis 2
Tel: 0041 (0)44 2063131
www.rietberg.ch
Öffnungszeiten: Mo geschlossen,
Di – So 10.00 – 17.00 Uhr,
Mi + Do 10.00 – 20.00 Uhr

Shedhalle

Die Shedhalle möchte eine Nische zwischen anderen Institutionsformen der Kunstvermittlung bilden und weder nur Galerie, nur Museum, noch nur Off-Space sein. Damit erlauben und verpflichten sich ihre Macher zu einer vielseitigen Ausstellungspraxis. Die Shedhalle soll nicht nur als „Ausstellungsraum" fungieren, sondern als Ort der Produktion, Vermittlung, Recherche, Diskussion und Distribution dienen. Die Idee des „Ausstellens" neu zu definieren ist ein Schwerpunkt, an dem die Shedhalle seit Jahren in konzeptueller und performativer Weise arbeitet. Die kontextorientierten Projekte verstehen sich als Diskussionsbeitrag zu gesellschaftspolitischen Themen, die mit einer Ausstellung nicht zu Ende gehen – Kunstvermittlung am Puls der Zeit.

Seestrasse 395
Zürich – Enge
Tel: 0041 (0)44 4815950
www.shedhalle.ch
Öffnungszeiten: Mo + Di geschlossen, Mi + Fr 14.00 – 17.00 Uhr, Do 14.00 – 21.00 Uhr, Sa + So 14.00 – 20.00 Uhr

Haus Konstruktiv

Das Haus Konstruktiv zeichnet die

Geschichte der konstruktiven Kunst nach und zeigt ihre Entwicklungslinien von der klassischen Moderne bis in die Gegenwart auf. Insbesondere wird der Einfluss der konstruktiven Kunst auf die Alltagsästhetik (Architektur, Innenarchitektur, Produktegestaltung, Graphic Design) beleuchtet und somit ihre Einwirkungen auf Kultur und Gesellschaft verdeutlicht.

Zudem sind Präsentationen und Workshops für junge Erwachsene Teil des Programms.

Selnaustrasse 25, Zürich – Kreis 5
Tel: 0041 (0)44 2177080
www.hauskonstruktiv.ch
Öffnungszeiten: Mo geschlossen, Di, Do, Fr 12.00 – 18.00 Uhr, Mi 12.00 – 20.00 Uhr, Sa + So 11.00 – 18.00 Uhr

ARCHITEKTUR

Heidi Weber Haus

Das Heidi Weber Haus wurde 1967 von Le Corbusier gebaut und vereint Architektur, Malerei und Skulpturen gleichermaßen. In dem Haus mit Segel wird eine permanente Ausstellung grafischer Werke gezeigt. Die Nachbar-Villa Egli bildet einen schönen Kontrast.

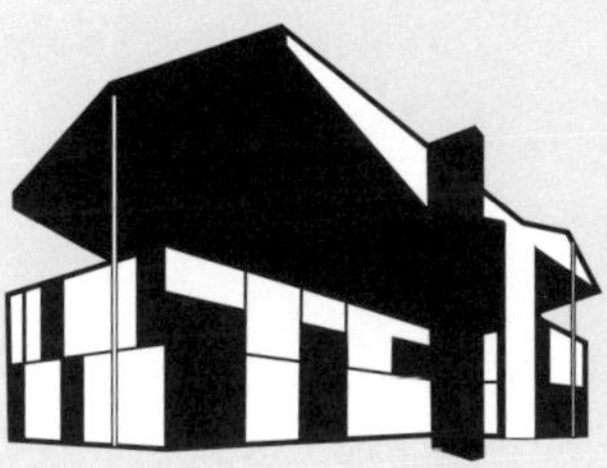

Höschgasse 8
Zürich – Kreis 8
Tel: 0041 (0)44 3836470
www.centrelecorbusier.com
Öffnungszeiten: Juli – September
Sa + So 14.00 – 17.00 Uhr

Juristische Bibliothek

Die Juristische Bibliothek der Universität Zürich ist ein Meisterwerk des Architekten Santiago Calatrava und kostete nur knapp 70 Millionen Fränkli. Sie ist 35 m hoch und mit der verglasten Kuppel ein beeindruckender Anblick.

Rämistrasse 74, Zürich – Kreis 1
Zu erreichen mit der Tram
bis Universitätsspital
Tel.: 0041 (0)44 6343009 (für individuelle Führungen)
Öffnungszeiten: Mo – Fr 8.00 – 21.00 Uhr, Sa 8.00 – 17.00 Uhr

DO SOMETHING YOU HAVE NEVER DONE BEFORE

Abtauchen im Zürisee

Die Kultur der hölzernen Seebäder in Zürich ist einzigartig und nur in der Schweiz in diesem Stil zu finden. Doch sind Sie schon mal im November oder sogar im Februar mit Blick auf die eingeschneiten Berge in den Zürisee getaucht? In Verbindung mit einem Saunagang im Seebad Enge ist das kein Problem. In den Wintermonaten wird in dem Sommerbad kräftig eingeheizt und das kalte Wasser des Zürisees wird Ihnen nach einem Saunagang die ersehnte Abkühlung bringen. Das Saunacafé sorgt für den kleinen Hunger zwischendurch. Bademäntel und Handtücher kann man mieten. Im Sommer tummelt sich eine herrlich gemischte Szene zum Sonnen und Baden mit anschließendem Barbecue und Chillen.

Seebad Enge mit Sauna, Mythenquai 9, Tram 5 bis Rentenanstalt
Tel: 0041 (0)44 2013889, www.tonttu.ch

Öffnungszeiten Sauna: Mo 11.00 – 23.00 Uhr nur Frauen, Di – Sa 11.00 – 23.00 Uhr gemischt + für Frauen, So 10.00 – 23.00 Uhr nur gemischt

GALERIEN

Zürich ist eine Stadt der zeitgenössischen Kunst. Es gibt zahlreiche Galerien, die angenehm konzentriert zusammenliegen, so dass einem Galerien-Rundgang nichts mehr im Wege steht.

Viele renommierte Galerien wie Hauser&Wirth, Peter Kilchmann, und Bob van Orsouw zeigen im Löwenbräu-Areal ihre Künstler unter einem Dach. Eine zweite interessante Galerienstraße ist die Rämistrasse mit der Galerie Andy Illien Nr 18, Galerie Walu Nr 25 und Mai 36 Galerie Nr 37. Newcomer stellen auf fast 1 000 qm in der Galerie Caratsch de Pury & Luxembourg unweit dem Löwenbräu-Areal ihre Arbeiten aus. Einige Künstlerateliers sind im gleichen Haus untergebracht.

Weitere wichtige Galerien sind die Galerie Annemarie Verna, mit amerikanischer Avantgarde, in der Neptunstrasse 42 sowie die Galerie Ars Futura, auf Fotokunst spezialisiert, im Bleicherweg 45.

WAS WÄRE ZÜRICH IM SOMMER OHNE DIE „BADI'S"?

Resort & Spa Hotel Panorama

Ein Algenpeeling gefällig? Oder nach dem Dampfbad noch ein paar Schwimmzüge im Pool mit dem zauberhaftesten Panoramablick über den Zürisee und saftige Wiesen. Gönnen Sie sich für einen Tag die ganze Palette: Acht Saunen, Dampfbäder, Pools außen wie innen und die neuesten Massagen vom Orient bis zum Okzident warten auf Sie.

Feusisberg
Schönfelsstrasse, Kanton Schwyz,
Anfahrt: ca. 50 min. von Zürich City
Tel: 0041 (0)44 7860000
www.panoramaresort.ch

Frauenbad Stadthausquai

Ein wunderschönes altes Holzbad von 1888, das in Zürich auf der Limmat schwimmt und nur von Frauen besucht werden kann. Es gibt eine Bar, Massageräume, eine kleine Buch-Ecke. Herrlich ist es, sich hier bestenfalls einen halben Tag oder auch nur eine Stunde Pause zu gönnen – und das mitten in der Stadt. Am Donnerstag- und Sonntagabend, wenn das Bad zur Bar wird, dürfen auch die Männer dazukommen und es wird auf den Stegen geplaudert und getrunken.

Stadthausquai, Zürich – Kreis 1
Tel: 0041 (0)44 2119592
www.barfussbar.ch
Bar + Bad von Mitte Mai bis Mitte September geöffnet
Bad: täglich 7.30 – 19.30 Uhr, gemischte Bar: Mi, Do, So 20.00 – 24.00 Uhr

Baden neben der Börse – Männerbad im Schanzengraben

Seit 1864 ist das traditionelle Männerbad geöffnet und damit das älteste Bad in Zürich. Es ist eine wahre Oase, verwunschen und verwachsen unweit der Neuen Börse. Hinter den Türen versetzt eine Zeitmaschine die Besucher in alte Zeiten, als die Bäder noch ganz schlicht und ohne überflüssige Details waren. Das Badewasser stammt direkt aus dem Schanzengraben. Abends wird ein Teil der Räume für die Rimini Lounge genutzt. Frauen und Männer können nach 19.30 Uhr zusammen dieses Kleinod nutzen, um zu grillen, Musik zu hören und zu plaudern.

Badweg 10, Zürich – Kreis 1
Tel: 0041 (0)44 21119592
Juni – August: Sonntag – Freitag 11.30 – 19.00 Uhr, Samstag geschlossen
Bar: www.rimini.ch
Die Bar ist ab 19.30 bei gutem Wetter geöffnet.

Sich treiben lassen in der Limmat

Sich im Sommer die Limmat hinunter treiben zu lassen und anschließend zu Fuß am Ufer zurückzugehen ist ein Stück Schweizer Lebensart. Keine Bange! Ein Auffangrechen verhindert das Abtreiben. Das Flussbad bietet außerdem noch einen langen Steg zum Sonnenbaden und Relaxen.

Flussbad Unterer Letten
Wasserwerkstrasse 141
Tram 4 oder 13 bis Dammweg
Tel: 0041 (0)44 3621080
Mitte Mai bis Mitte September täglich 9.00 – 20.00 Uhr

KREIS 4 + KREIS 5

Kreis 4 + Kreis 5

Kreis 4 + Kreis 5 waren einst die Aschenputtel-Viertel in Zürich. In den letzten Jahren ist aus Aschenputtel noch immer keine Prinzessin geworden, aber zumindest schon mal eine gut aussehende Frau, mit der es sicher sowieso viel aufregender ist. Kreis 1 und Kreis 4+5 bleiben zwei verschiedene Welten, ohne deren Pole Zürich sehr langweilig dastehen würde. Im Kreis 4+5 geht man aus, isst gut und dort kauft auch das kreative Potenzial der Stadt in den persönlich geführten Läden ein. Ein Besuch in diesen Stadtteilen ist ein Muss, wenn man Zürich in seiner Gesamtheit begreifen möchte.

WAS FÜR ZÜRICH STEHT
EINKAUFEN AUF DER JOSEFSTRASSE

Tamara Rist – Nr 12

Tamara Rist verkauft Röcke, Taschen und T-Shirts. Die gestreiften Taschen aus Markisenstoff sind längst ein „Kultobjekt" der Zürcher Szene. Die Röcke gibt es in einer Basisform mit unterschiedlichen Motiven: Seehunde, Orangen und Blumenwiesen.

Lilli Tulipan – Nr 18

Ein wilder Mix skurrilster Plastiksachen aus eigener Produktion; kitschig, bunt und lustig. Am schönsten sind die beleuchteten Plastikhirsch-Geweihe in quietschgrün und die Plastikblumen-Haarspangen, Flipflops und Girlanden. Hier wird jeder sein persönliches Glück im Kitsch finden.

Einzigart – Nr 36

Design und Möbel. Hier werden sehr interessante Kleinserien von innovativen Designern gezeigt. Viele der Dinge sind sehr humorvoll gestaltet und dabei trotzdem funktional. Ideal als Geschenke oder Überraschungen für die Lieben daheim.

Der Erste im Kreis 4 – Fabric Frontline

Inmitten all der Thai-Sexshops wirkt die kleine Luxusoase mit Papageiengarten fast absurd. Fabric Frontline verkauft edle Seidenstoffe, bedruckte Seidenschals, aber auch feinste Bettwäsche mit Blumen- und Käferdekor. Mit dem Restaurant „Seidenspinner" hat Andi Stutz 2001 den Luxustempel um dieses i-Tüpfelchen ergänzt. Ein weiterer Laden, gestaltet vom Künstler Ugo Rondinone, befindet sich in der neuen Edelpassage der Bahnhofstrasse.

Ankerstrasse 118, Zürich – Kreis 4

Tel: 0041 (0)44 2416455
www.fabricfrontline.ch
Mo – Fr 10.00 – 18.30 Uhr,
Sa 10.00 – 17.00 Uhr

LÄDEN MIT TRADITION

Zürich ist die Stadt der guten alten Fachgeschäfte. Es würde endlose Seiten füllen, sie alle aufzuführen. Ein paar ungewöhnliche haben wir hier zusammengestellt und ganz bewusst die bekannten um die Bahnhofstrasse weggelassen. Dass sich auf der Bahnhofstrasse alle Namen von Bally und Konsorten aneinanderreihen, ist wohl allgemein bekannt.

Greenwich MT
Wunderschöne alte Armbanduhren in beeindruckender Auswahl. Von der sportlichen 70er-Jahre-Uhr bis zu sehr eleganten Exponaten gibt es alles zu sehen, was in der Schweizer Uhrenwelt Rang und Namen hat.

Rämistrasse 2
Zürich – Kreis 1
Tel: 0041 (0)44 2621038
www.greenwich.ch
Öffnungszeiten: So + Mo geschlossen
Di – Fr 14.15 – 17.45 Uhr,
Sa 11.00 – 16.00 Uhr

Luggage Inn
Ein Paradies für alte schöne Reisekoffer aus England, von Louis Vuitton und Samsonite. Nur zwei Tage in der Woche geöffnet!

Ottikerstrasse 9
Zürich – Kreis 6
Tel: 0041 (0)44 3631122
Öffnungszeiten: Mi 13.00 – 18.30 Uhr,
Sa 13.00 – 16.00 Uhr

Osswald
Die ungewöhnlichsten Düfte aus aller Herren Länder und die innovativsten Kosmetikserien der Welt: Osswald hat hierin die größte Auswahl. Die Adresse hat Tradition auf

der Bahnhofstrasse und die Beratung ist fachkundig wie freundlich.

Bahnhofstrasse 17
Zürich – Kreis 1
Tel: 0041 (0)44 2112030
Öffnungszeiten: Mo – Fr 9.00 – 18.30 Uhr, Sa 9.00 – 16.00 Uhr
www.osswald.ch

Andy Illien
Dieser Schuhladen ist schon immer ein Geheimtipp unter den Individualistinnen in Zürich. Mit einer eigenen Kollektion bedient er genau die Lücke aus tragbaren Schuhen, die oft in trendigen Kollektionen fehlen und dazu noch erschwinglich sind.

Torgasse 6, Zürich – Niederdorf
Tel: 0041 (0)44 2521911
Öffnungszeiten: Di – Fr 9.30 – 18.30 Uhr, Mo 11.00 – 18.30 Uhr,
Sa 9.30 – 17.00 Uhr

ZÜRICH AM PULS DER ZEIT

Im Niederdorf gibt es viele anspruchsvolle Läden mit genau dem Mix aus Individualität und Anspruch, den man so liebt. Weitere Adressen finden Sie auf unserer Website: www.smart-travelling.net

limited stock
Jedes Stück ist etwas wirklich Besonderes. Concept Stores gibt es viele, aber so tasty und mit feinster Nase selektioniert sind sie selten. Diese „Trüffel" aus aller Welt, wie Gläser von Lobmeyer, Lassos aus Argentinien – hergestellt aus gerolltem, langgezogenen Leder, wunderschöne Taschen, und und und. Solche „Trüffel" haben natürlich auch ihren Preis. Doch wer sich verliebt, sollte zuschlagen, denn es sind die feinen Dinge, die man sein Leben lang schätzt.

Spiegelgasse 22
Zürich – Niederdorf
Tel: 0041 (0)43 2685620
www.limited-stock.com
Öffnungszeiten: Di – Fr 11.00 – 18.30 Uhr, Sa 10.00 – 16.00 Uhr

vestibule

Vestibule
Gut gemixter Modeladen ähnlich einem Concept Store. Die Auswahl ist sehr trendig mit Marken wie Marc Jacobs, aber auch vielen jungen un-

bekannteren Designern. Taschen, Schuhe, Duftkerzen und Portemonnaie ergänzen das Ganze noch.

Spiegelgasse 13
Zürich – Niederdorf
Tel: 0041 (0)44 2601331
www.vestibule.ch
Öffnungszeiten: Mo – Fr 11.00 – 19.00 Uhr, Sa 10.00 – 17.00 Uhr

Thema Selection

Ein sehr schönes Gesamtkonzept Schweizer Art. Hier findet man richtige Lieblingsstücke, denn die Kollektion von Sissi Zöbeli und Sonnhild Kessler möchte man jeden Tag anhaben, weil sie tragbar und dennoch trendy ist. Erweitert wird das Angebot durch Schuhe von Stefi Talman, Schmuck von der Kultdesignerin Ma Schellenberg und einer Abteilung für Modebücher.

Spiegelgasse 16
Zürich – Niederdorf
Tel: 0041 (0)44 261 78 42
www.themaselection.ch
Öffnungszeiten: Mo 12.00 – 18.30 Uhr,
Di – Fr 10.00 – 18.30 Uhr,
Sa 10.00 – 16.00 Uhr

Fidelio 2

Es macht Spaß hier einzukaufen. Ein großzügiger alter Raum mit einer breiten Auswahl modischer Marken im mittleren bis oberen Preissegment für Männer und für Frauen. Hier lassen sich alle wichtigen, angesagten Jeansmarken, lässige Jacken und die aktuellsten T-Shirts aus L.A. erstehen. Fidelio gibt es gleich dreimal in Zürich.

Nüschelerstrasse 30, Zürich – Kreis 1
Tel: 0041 (0)43 3448470
Öffnungszeiten: Mo 11.00 – 19.00 Uhr, Di – Fr 10.00 – 19.00 Uhr,
Sa 10.00 – 17.00 Uhr

Der neueste Coup befindet sich in der Nüschelerstrasse 31, dem 4. Geschäft von Fidelio in Kooperation mit der Designerin Ruth Grüninger.

Fidelio 1 – Hauptfiliale
Münzplatz 1
Öffnungszeiten:
Mo 11.00 – 19.00 Uhr,
Di – Fr 10.00 – 19.00 Uhr,
Sa 10.00 – 17.00 Uhr

Fidelio rabatt
Badenerstrasse 75
Öffnungszeiten: Mo 12.00 – 18.30 Uhr,
Di – Fr 11.00 – 18.30 Uhr,
Sa 10.00 – 17.00 Uhr
www.fidelio-kleider.ch

SUCHEN UND FINDEN

Flohmarkt am Bürkliplatz

Antiquitätenhändler stellen hier ein Sammelsurium mit alten Schätzen aus, das zum stundenlangen Stöbern einlädt.

Bürkliplatz, Zürich – Kreis 1
www.flohmarktbuerkliplatz.ch
Öffnungszeiten: von Mai – Oktober jeden Samstag 6.00 – 16.00 Uhr

Das Brockenhaus

Brockenhäuser haben in Zürich Kultstatus. Sie holen ihre Schätze aus Wohnungsauflösungen. Natürlich sind sie der Ort für Jäger und Sammler, die einen Designklassiker zum Spottpreis finden wollen. Alles ist sehr ordentlich und thematisch sortiert, doch es ist auch unendlich viel Unbrauchbares und Hässliches dabei, aber vielleicht, vielleicht ...

Neugasse 11
Filiale: Sihlquai 101, Zürich – Kreis 4
www.zuercher-brockenhaus.ch
Öffnungszeiten: Mo – Fr 10.00 – 18.30 Uhr, Sa 9.00 – 16.00 Uhr

AUSGEHEN

Ausgehen ist in Zürich ein großes Thema. Die Nachtszene konzentriert sich hauptsächlich im Norden um die Geroldstrasse, so kann man in Zürich leicht von einer Adresse zur nächsten ziehen. Was angesagt ist, ändert sich natürlich ständig. Ein Versuch drei wichtige Adressen aufzuführen.

Supermarket
Geroldstrasse 17
www.supermarket.li
Öffnungszeiten: Do – Sa ab 23.00 Uhr
Nähe Escher-Wyss-Platz

Kanzlei
Kanzleistrasse 57
www.kanzlei.ch
Öffnungszeiten: Mo – Sa ab 22.00 Uhr

Mascotte
Theaterstrasse 10
www.mascotte.ch
Öffnungszeiten: Di – So ab 17.00 Uhr

BOOTSFAHRT AUF DEM ZÜRISEE

Auf einer Fahrt über den See können Sie zwischen einigen Varianten auswählen. Es werden Cocktail, Brunch, Lunch und Dinner Touren angeboten, ergänzt von Sonderfahrten mit Tanz und Musik. Zwei Raddampfer kutschieren die Nostalgiker über den See. Eine Fahrt von Zürich nach Rapperswil dauert ungefähr zwei Stunden. Die Abfahrt ist am Bürkliplatz.

Tel: 0041 (0)44 4871333
www.zsg.ch

Hauptsaison von Anfang April – Ende Oktober. Im Winter fährt eine eingeschränkte Flotte.

Tipp: Insel der Stille – Ufenau
Unterbrechen Sie die Fahrt auf dem Zürisee auf der Insel Ufenau. Man kann einmal die Insel mit einem Spaziergang umrunden, einen Abstecher in der romanischen Kirche Peter und Paul machen und anschließend in einem der Cafés den herrlichen Blick über den See genießen.

ZÜRICH MIT DEM FAHRRAD

In Zürich kann man kostenlos ein Radel, Mountainbikes und Skateboards ausleihen. Das ganze Jahr bei Velogate 18 im Hauptbahnhof, von Mai bis Oktober auch am Globus City, Opernhaus und gegenüber dem Oerlikon Swisshotel. Lediglich ein Depot von 20 Franken muss als Pfand hinterlegt werden.

Velogate
Hauptbahnhof Gleis 18
Tel: 0041 (0)43 2883445
www.zuerirollt.ch
Öffnungszeiten: Mai – Oktober
täglich 7.30 – 21.30 Uhr

Tipp:
Mit dem Mountainbike durch die Weinberge. Die Tour dauert drei Stunden und führt an einigen hübschen Weinlokalen vorbei.
Mit dem Mountainbike vom Hauptbahnhof Zürich die S12 nach Winterthur nehmen und sich in Richtung Hettlingen, Niederwil, Nussbaumen, Stammheim über Stein am Rhein begeben. Typische Weine für die Gegend sind der Riesling und der Blauburgunder.

AUSFLÜGE IN DAS UMLAND

Uetliberg-Bahn

Der Üetliberg mit seinen Planeten

Die ideale Wanderung für einen kurzen Einblick in die Zürcher Berge ist die Route auf dem Üetliberg hin zum Felsenegg, sie dauert knapp drei Stunden mit An- und Abfahrt. Man hat nicht nur einen herrlichen Blick über den Zürisee, sondern kann sich auf dem Planetenweg auch über sie informieren. Vom Hauptbahnhof geht es mit der Üetlibergbahn S10 los. Zurück kommt man mit der Seilbahn von Felsenegg nach Adliswil bis ins Tal. Die Sihltalbahn S4 fährt sie wieder zum Hauptbahnhof zurück.

Hirzel – und eine Beiz wie im Märchenbuch.

Der Hirzel hat etwas von einem Schweizer Bilderbuch. Höfe stehen zwischen Linden und Obstbäumen und saftigen Wiesen verstreut. Hier gibt es sie noch, die heile Welt. Die Linden stehen so idyllisch auf jedem Hügel, weil die Bauern damit die Geburt ihres ersten Sohnes würdigten.
Mit der S4 ab Hauptbahnhof nach Sihlbrugg und weiter den Zimmerberg Richtung Hirzel hoch. Von dort aus fährt das Postauto nach Horgen und auch Richtung Zürich. Auf dem Hirzel finden Sie in der Spreuermühle einen herrlichen Anlass zum Stärken und Verschnaufen.

Spreuermühle
Hirzel Spitzen
Tel: 0041 (0)44 7299137
Mo, Di, Fr, Sa 9.00 – 23.00 Uhr,
So 9.00 – 21.00 Uhr,
Mittwoch + Donnerstag geschlossen
Auf der Landstraße von Hirzel nach Spitzen

Ausflug zur Zürcher Goldküste
Blümlisalp

Auf der Blümlisalp geht es zünftig wie in einer richtigen Almwirtschaft zu. Sie sitzen auf Bierbänken, essen Bratwürste und Käse oder das warme Tagesgericht. Die Alp kann man mit einem Spaziergang von Forch aus erreichen. Es fährt die Forchbahn von Stadelhofen aus. Nehmen Sie den Bus bis Wetzwil, dann sind es nur noch 15 Minuten zu Fuß. Mit dem Auto geht es natürlich schneller.

Wetzwil – Herrliberg
Tel: 0041 (0)44 9153490
Mo, Do – Sa 9.00 – 00.30 Uhr,
So 9.00 – 22.30 Uhr, Di + Mi geschl.
S7 bis Herrliberg – Feldmeilen

Das Bürgli mit Stil

Es wird als eine der schönsten Beizen mit Garten gehandelt und das zurecht. Die Nummer 1 ist hier das Entrecôte Café de Paris, das wirklich sehr gut schmeckt. Doch auch Schweizer Klassiker wie Kartoffelgratin und Zürcher Geschnetzeltes fehlen nicht. Weiß gedeckte Gartentische wie bei einem eleganten Gartenfest.

Kilchbergstrasse 15
Tel: 0041 (0)44 4828100
www.restaurantbuergli.ch
Samstagmittag geschlossen
Tram 6, 7 bis Morgental

BEST OF ZÜRICH

Die beste Bratwurst
Foifi Sterne Imbiss
Bellevueplatz – Theaterstrasse 22
Zürich – Kreis 1
Tel: 0041 (0)44 2514949
www.vorderer-sternen.ch
Öffnungszeiten:
Täglich 11.30 – Mitternacht

Die beste Pizza
Rosso

In einer komplett verglasten, alten Halle mit Kamin und langen, dicht gestellten Tischen – alles sehr lässig und cool – ist das „Rosso" jeden Abend ausgebucht. Die Stimmung ist großartig, die Pizza und die gegrillten Tintenfische sehr gut. Am besten zwei Tage im Voraus reservieren. Die Lage ist jedoch nicht sehr zentral; das Restaurant liegt in einem der Höfe in der Geroldstrasse versteckt, umringt vom Zentrum des Zürcher Nachtlebens.

Geroldstrasse 31
Zürich – Kreis 5
Tel 0041 (0)43 8182254
www.restaurant-rosso.ch
Öffnungszeiten:
Sa geschlossen,
So – Fr 16.00 – 0.30 Uhr

Der beste Vegetarier

Tibits
Das beste „man hat wenig Zeit und möchte doch etwas Gutes essen" – Restaurant. An dem raffinierten Buffet mit indischen Salaten und Snacks können Sie sich selbst bedienen, abgerechnet wird nach Gewicht.

Seefelderstrasse 2 (nahe Opernhaus)
Zürich – Kreis 8
Tel: 0041 (0)44 2603222
www.tibits.ch
Öffnungszeiten:
Mo – Fr 6.30 – 24.00 Uhr,
Sa 8.00 – 24.00 Uhr,
So 9.00 – 24.00 Uhr

Der beste Käse

Chäs & Co Käsehandel
Grubenstrasse 38
Tel: 0041 (0)44 2016111

Confiserie Sprüngli

In Zürich zu sein, ohne einmal bei Sprüngli vorbeizuschauen, geht gar nicht. Wenn Sie noch keine Luxemburgerli kennen, dann wäre das schon mal ein triftiger Grund.
Ein Frühstück bei Sprüngli ist natürlich auch legendär. In der oberen Etage erwartet sie eine Mischung aus eleganten Zürcher Zuckermäulchen über 70, Touristen, Familien und einem kleinen gemischten Rest. Aber das macht nichts und gehört dazu.

Die feinsten Truffes Grand Cru

Die dunkle Grand Cru Schokolade aus den edelsten Cacao-Sorten weltbester Provenienzen, mit frischem Rahm verfeinert, wird mit zarter, dunkler

Schweizer Schokolade umhüllt und mit einem Hauch von Cacao-Puder bestäubt.

Luxemburgerli

Nicht in den schönsten Träumen hätte sich der junge Konditor aus Luxemburg vorgestellt, dass seine aus der heimatlichen Confiserie Namur nach Zürich gebrachte Spezialität eines Tages zu dem beliebtesten Artikel der Confiserie Sprüngli würde. Das luftige Makronengebäck wurde zwar verkauft, am Anfang aber ohne großen Erfolg. Mit den Jahren kamen die Zürcher sowie Besucher aus aller Welt langsam auf den Geschmack. Die Nachfrage nach Luxemburgerli stieg an und heute werden bei Sprüngli durchschnittlich 650 kg Luxemburgerli pro Tag hergestellt, somit ist das Gebäck der beliebteste und bekannteste Artikel aus dem Sprüngli-Sortiment. Die Basissorten sind Vanille, Stracciatella, Haselnuss, Caramel, Citron, Mocca, Himbeer, Zimt, Champagner und Schokolade. Sie werden innerhalb von 24 Stunden verkauft und bleiben im Kühlschrank noch einige Tage frisch. Am besten jedoch schmecken sie natürlich am ersten Tag.

Die dritte Legende sind die Truffes du jour, die es aus Milch und bitterer Schokolade gibt und die jeden Tag frisch gemacht werden. Heute werden sie etwas von den Truffes Grand Cru überholt, weil die Tendenz zu hohem Kakaoanteil in aller Mund isst/ist. Doch eigentlich ist bei Sprüngli alles fein und von bester Schweizer Qualität. Das alte Haus steht seit 160 Jahren am Paradeplatz, die Confiserie-Etage wurde 2007 komplett neu renoviert.

Filiale Paradeplatz,
Bahnhofstrasse 21, Zürich – Kreis 1
Tel 0041 (0)44 2244711
(Filiale Paradeplatz)
www.spruengli.ch
Öffnungszeiten:
Samstag 8.00 – 17.00 Uhr

Öffnungszeiten: So geschlossen – nur die Filialen unter dem Bahnhof und am Flughafen sind offen, Mo – Fr 7.30 – 18.30 Uhr, Sa 8.00 – 16.00 Uhr

Die beste Trinkschoki

Felix Café am Bellevue

Hier bekommt man ein Schweizer Frühstück der feinsten Art – mit den besten Zopfbrötchen, leckersten Kuchen und Hörnli zur heißen Schoki.

Bellevueplatz 5, Zürich – Kreis 1
Tel: 0041 (0)44 2518060

www.cafefelix.ch
Öffnungszeiten:
Mo 7.30 – 22.00 Uhr,
Di – Fr 7.30 – 23.00 Uhr, Sa 8.00 – 23.00 Uhr, So 9.00 – 22.00 Uhr

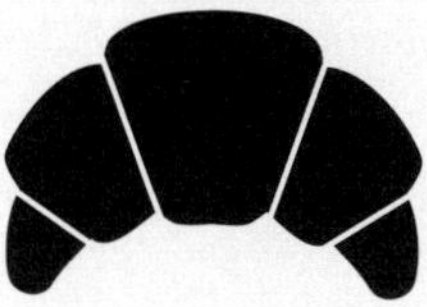

Die besten Cornetti

Konditorei Caredda
Josefstrasse 119
Zürich – Kreis 5
Tel: 0041 (0)44 4402341
www.konditorei-caredda.ch
Öffnungszeiten:
Mo – Fr 7.00 – 19.00 Uhr,
Sa 7.00 – 17.00 Uhr, So 8.30 – 16.00 Uhr

Das beste Entrecôte

La Côte
Eine Adresse mit viel Patina und Charme, auch nach dem Umzug. Die Küche ist französisch und bekannt für das beste Entrecôte der Stadt. Das Ehepaar Stäheli sorgt laut Karte „für freundliche Ambiance und macht es Gourmets gemütlich" ... da haben sie recht. Nebenan ist eine kleine Terrasse zum Draußensitzen.

Aemtlerstrasse 26, Zürich – Kreis 3
Tel: 0041 (0)44 2419191
Öffnungszeiten: So geschlossen,
Mo – Fr 10.00 – 14.00 Uhr + 18.00 – 24.00 Uhr,
Sa 18.00 – 24.00 Uhr

Das beste Bircher Müsli

Schwarzenbach
Münstergasse 19
Zürich – Kreis 1
Tel: 0041 (0)44 2611315
www.schwarzenbach.ch
Öffnungszeiten:
So + Mo geschlossen,
Di – Fr 8.00 – 18.30 Uhr,
Sa 9.00 – 17.00 Uhr

Eindeutig die besten und berühmtesten „Bürli" (Brötchen)

Bäckerei Duria Gold
Manessestrasse 186
Zürich – Kreis 3
Tel: 0041 (0)44 2013716

Die besten Pies

The Pie Shop
Jeden Morgen wird hier Mürbeteig gebacken und mit allerhand Köstlichem (Pilze, Lamm, Fisch) gefüllt, zudem gibt es leckere Brote und Salate sowie Cookies zum Dessert. Die Pies kosten zwischen 7 und 11,50 Franken, ein Lunch mit Salat um 12 Franken, ein Apple Pie kostet 8 Franken.

Rotbuchstrasse 1a
Zürich – Kreis 8
Tel: 0041 (0)44 3500417
www.tryapie.ch
Öffnungszeiten:
Mo – Fr 10.30 – 19.00 Uhr,
Sa 11.00 – 16.00 Uhr

Der beste Metzger
Hofladen
Poststrasse 56
8462 Rheinau,
ca. 40 km von Zürich entfernt
Tel: 0041 (0)52 3015242
www.hansundwurst.ch
Sa 10.00 – 16.00 Uhr

DELISHOPPING

Hauptbahnhof
Ja, in anderen Städten wäre man stolz auf das Angebot in der feinsten Gegend, in Zürich kauft man auf diesem hohen Niveau unter der Erde auf dem Bahnhof auch sonntags und spät abends ein.

Gourmet Factory im Jelmoli
Gourmet-Raritäten und Bekanntes aus der Schweiz und der ganzen Welt werden in der „Gourmet Factory" von Jelmoli – angenehm präsentiert – angeboten. Zu empfehlen ist auch die „Sukothai Bar" mit den schärfsten Gerichten in der Stadt.

Seidengasse 1, Zürich – Kreis 1
Tel: 0041 (0)44 2204411
www.jelmoli.ch
Öffnungszeiten: Mo – Fr
9.00 – 20.00 Uhr, Sa 9.00 – 18.00 Uhr

Tearoom Blunt
Der ideale Ort zum Sonntagsbrunch. Eine Bestellung im „Maison Blunt" kann folgendermaßen aussehen: Ein Bircher Müsli, ein Lassi und eine Schischa (eine orientalische Wasserpfeife) – am liebsten mit Apfelgeschmack. In dem lichtdurchfluteten Raum lässt es sich gut frühstücken oder abends leckeres Couscous essen und im Tabakwasserdampf entspannen. Angenehm lässige wie auch coole Stimmung.

Gasometerstrasse 5
Zürich – Kreis 5
Tel: 0041 (0)43 2110033
www.maison-blunt.ch
Öffnungszeiten:
Mo – Do 8.00 – 24.00 Uhr,
Fr + Sa 8.00 – 1.00 Uhr,
So 8.00 – 23.00 Uhr

ESSEN IN ZUNFTHÄUSERN

Essen in Zunfthäusern

Die Zunfthäuser sind die Wirtshäuser des jeweiligen Handwerks. Es ging darum, das handwerkliche Wissen über die Zunfthäuser zu bewahren und weiterzutragen, doch im Vordergrund stand auch, den Handwerkern seiner Zunft ein bezahlbares Essen zu ermöglichen. Die verschiedenen Häuser verteilten sich in ganz Zürich an den prominentesten Plätzen. Heute schätzen Zürcher Bürger und Studenten die heimatlichen Gerichte in traditionellem schlichten sowie auch edlem Ambiente.

Das noble Zunfthaus

In dem Küfer Stübli kann man am schönsten die prachtvolle Seite einiger Zunfthäuser erleben. Das Restaurant ist bereits in den Gault-Millau-Himmel aufgenommen. Eine großzügige Terrasse bietet einen herrlichen Blick auf die Stadtkulisse.

Zunfthaus zur Zimmerleuten
Limmatquai 40
Tel: 0041 (0)44 2505363
www.zunfthaus-zimmerleuten.ch

Das schlichte Zunfthaus

Weisser Wind
Oberdorfstrasse 20
Zürich – Niederdorf
Tel: 0041 (0)44 2511845
www.weisserwind.ch
Öffnungszeiten: So geschlossen,
Mo – Fr 11.00 – 14.00 Uhr +
17.00 – 24.00 Uhr, Sa 17.00 – 24.00 Uhr

VERWEILEN IM VOLKSHAUS

Jeder Zürcher FCZ Fan kennt das legendäre Volkshaus am Helvetiaplatz. Und auch wenn man fremd ist: tritt man in die hohen und großen Räume mit ihren beeindruckenden Panoramafenstern, hat man sofort Lust, hier ein wenig zu verweilen. Wenn einem danach ist, kann man das durchaus auch den ganzen Tag, denn das Volkshaus ist Café, Restaurant und Bar in einem. Das Restaurant ist in kleine gemütliche Séparés aufgeteilt, die mit ihren gestreiften Stoffbezügen den Charme der Gründerzeit lebendig halten. Ein guter Mix: Erst Samstagmorgens im Volkshaus frühstücken und dann gegenüber auf dem Helvetiaplatz über den Flohmarkt schlendern. Oder vielleicht doch lieber umgekehrt, denn sonst sind die Schnäppchen weg.

Stauffacherstraße 60
Zürich – Kreis 4

Tel: 0041 (0)44 2421155,
www.restaurantvolkshaus.ch
Öffnungszeiten:
Mo – Mi 8.00 – 24.00 Uhr,
Do – Sa 8.00 – 2.00 Uhr,
So 10.00 – 24.00 Uhr

PERSÖNLICHKEITEN

Es ist eigenartig schwer, Zürcher Persönlichkeiten zu nennen, da es wirklich wenige Architekten, Schriftsteller, Regisseure oder Schauspieler gibt, deren Namen weltweit oder zumindest in Europa bekannt sind. Das ist doch interessant und woran mag das liegen? Es haben zwar viele Berühmtheiten aus anderen Ländern eine Zeit lang in Zürich gelebt, besonders im Zweiten Weltkrieg, doch waren dies keine Schweizer.

Max Frisch

Max Frisch wurde am 15. Mai 1911 in Zürich als Sohn des Architekten Franz Bruno Frisch und dessen Frau Karolina Bettina Frisch geboren. 1930 begann er sein Germanistikstudium an der Universität Zürich, das er jedoch 1933 nach dem Tod seines Vaters (1932) aus finanziellen Gründen abbrechen musste. Danach arbeitete er als Korrespondent.

Von 1936 bis 1940 studierte er Architektur an der ETH Zürich. Das 1949 eröffnete Freibad Letzigraben bleibt der einzige größere Bau Frischs und steht heute unter Denkmalschutz.

1947 lernte er Friedrich Dürrematt und Bertolt Brecht kennen. 1951 wurde ihm durch ein Stipendiat ein einjähriger Aufenthalt in den USA ermöglicht. 1954 trennte er sich von seiner Familie, schloss 1955 sein Architekturbüro und begann als freier Schriftsteller zu arbeiten. Er blieb noch länger in Amerika, wo er auch eine Beziehung mit der Autorin Ingeborg Bachmann hatte.

Am 4. April 1991 starb Max Frisch an den Folgen eines Krebsleidens in seiner Wohnung in Zürich.

Bekannte Werke
Mein Name sei Gantenbein, Roman, 1964; Homo Faber, Roman, 1957; Montauk, Erzählung, 1975

Max Bill, der Mann des berühmten „Ulmer Hocker"

Bill machte zuerst eine Lehre als Silberschmied, bevor er in Dessau am Bauhaus studierte. Er war als Architekt, Bildhauer und Designer tätig. Zu seinen berühmtesten Werken gehört der Ulmer Hocker. Dieser Hocker kann als Tablett, als Hocker oder auch als Teil eines Regals verwendet werden und wird heute noch hergestellt. Max Bill lebte in Zürich und arbeitete und lehrte in der ganzen Welt. Er war Anhänger der „konkreten Kunst". Max Bill starb im Dezember 1994 in Berlin.

FILMTIPP

Schweizermacher (1978)
Regisseur Rolf Lyssy

Zwei Schweizer Beamte Max Bodmer und Moritz Fischer (Emil Steinberger) dringen in die Privatsphäre fremder Leute ein, denn die Einbürgerungsbehörde lässt all jene auf Herz und Nieren prüfen, die sich um einen Schweizer Pass bemühen. Natürlich müssen sie alle fleißig, ordentlich, ruhig und neutral sein sowie die Schweiz kennen und lieben. Deshalb wird jedes Fondue und jede Fahnenstange auf seine Echtheit überprüft. Auch heute noch eine herrliche Komödie.

Ein Kinoabend im Filmpodium Studio 4 ist ein Erlebnis, denn das Kino wurde seit 1949 kaum verändert und trägt immer noch die Handschrift des Bauhausstils. Alles ist schwarz-weiß und erinnert schnell an Zeiten, als das Kino noch ganz groß war. Das Programm zeigt anspruchsvolle Filme aus kleineren Produktionen.

Nüschelerstrasse 11
Tel: 0041 (0)44 2116666
www.filmpodium.ch

BUCHTIPP

Small World, Martin Suter

Erst sind es Kleinigkeiten: Konrad Lang stellt aus Versehen seine Brieftasche in den Kühlschrank. Bald vergisst er den Namen der Frau, die er heiraten will. Je mehr Neugedächtnis ihm die Krankheit raubt, desto stärker kommen früheste Erinnerungen auf. Und das beunruhigt eine millionenschwere alte Dame, mit der Konrad seit seiner Kindheit auf die ungewöhnlichste Art verbunden ist. Small World ist eine zarte Liebesgeschichte, traurige Alzheimer-Fallstudie und spannende Krimistory in einem und fesselt und fasziniert von der ersten Minute an.

DIE KRONENHALLE UND DIE DEUTSCHEN TOURISTEN

Die Kronenhalle ist wunderschön. Überall schauen einen berühmte Kunstwerke von Picasso, Miró, Léger, Giacometti, Andy Warhol und Kokoschka von ihren prominenten Plätzen an den Wänden an. Nachdem wir für ein Porträt bei der Kronenhalle angefragt hatten, ließ uns Andrea Wyss bedauerlicherweise ausrichten: „Wir legen keinen Wert auf deutsche Touristen." Das macht schon sprachlos, besonders hinter dem historischen Hintergrund würde man so viel Rassismus gar nicht vermuten. Die Kronenhalle war mal eine Brauereigaststätte mit Bier und deftigem, gutbürgerlichen Essen. Hulda und Gottlieb Zumsteg machten das Lokal zu einem beliebten Künstlertreff mit mehr Niveau. Ihr Sohn Gustav liebte Kunst und fing nicht nur an zu sammeln, sondern die Räume auch als Ausstellung zu nutzen. Der Klassiker hier ist das Zürcher Geschnetzelte mit Rösti und zum Dessert einen Schokoladenpudding mit flüssigem Rahm aus einem herrlich altmodischen Steintopf. Die Preise liegen an der obersten Schallgrenze des Möglichen, aber das ist ja jetzt auch egal, sie wollen uns sowieso nicht.

Rämistrasse 4, Zürich – Kreis 1
www.kronenhalle.com
Tel: 0041 (0)44 2629900
Täglich 12.00 – 24.00 Uhr

Tourist office:

Im Hauptbahnhof
Tel: 0041 (0)44 2154000
Öffnungszeiten:
1. November – 30. April
Mo – Sa 8.30 – 19.00 Uhr,
So 9.00 – 18.30 Uhr,
1. Mai – 31. Oktober
Mo – Sa 8.00 – 20.30 Uhr,
So 8.30 – 18.30 Uhr

City-Websites:

www.zuerich.com
www.stadt-zuerich.ch

Telefonieren:

Schweiz 0041
Zürich (0)44

Währung:

Schweizer Franken
1 SFr = 0,60 Euro

Transport Flughafen:

mit dem Taxi in die Innenstadt:
30 min. / ca. 35 Euro

Taxiruf:

Taxi 444: 0041 (0)44 4444444
Alpha Taxi: 0041 (0)44 7777777

Fahrradverleih:

Kostenloser Fahrradverleih – Züri rollt
Hauptbahnhof Gleis 18
Tel: 0041 (0)43 2883445
www.zuerirollt.ch
Öffungszeiten: Mai – Oktober
Täglich 7.30 – 21.30 Uhr

Stadtmagazine:

Züri Tipp (wöchentliche Beilage des Tagesanzeiger)

MEIN PERFEKTES WOCHENENDE

Freitag:

Samstag:

Sonntag:

NOTIZEN

NOTIZEN

NOTIZEN

NOTIZEN

NOTIZEN

GUTSCHEIN FÜR EINE PROBEMITGLIEDSCHAFT

Die Buchreihe „Ein perfektes Wochenende in ...“ wird herausgegeben vom Online-Cityguide www.smart-travelling.net. Hier finden Sie viele weitere ungewöhnliche Adressen für über 25 europäische Städte. Tipps für Shops, Galerien, Hotels, Snacks und Restaurants. Smart Travelling zeigt nicht alles und jedes, sondern sucht nach dem Authentischen und Besonderen, nach Orten, die das Flair einer Stadt ausmachen und uns immer wieder empfangen wie ein guter Freund.

Werden Sie bei unserem Online-Cityreiseguide www.smart-travelling.net kostenlos Probemitglied für drei Monate. Klicken Sie auf den ersten Schlüsselbutton (Gutschein einlösen) der Homepage und geben Sie im Schritt 2 das folgende Passwort ein:

ZU20072-3x897d

www.smart-travelling.net